NOTICE

SUR

M. POULLET.

NOTICE

SUR

M. L'ABBÉ POULLET,

VICAIRE-GÉNÉRAL DU DIOCÈSE DE BEAUVAIS,
SUPÉRIEUR DE L'INSTITUTION DE SAINT-VINCENT DE
SENLIS, DOCTEUR ÈS-SCIENCES ET LICENCIÉ ÈS-LETTRES,
CORRESPONDANT DU MINISTÈRE DE L'INSTRUCTION PUBLIQUE
POUR LES TRAVAUX HISTORIQUES, MEMBRE DE LA SOCIÉTÉ
GÉOLOGIQUE DE FRANCE, DE LA COMMISSION ARCHÉO-
LOGIQUE DU DIOCÈSE DE BEAUVAIS, etc., etc.

PAR M. BARRAUD.

BEAUVAIS,

DE L'IMPRIMERIE D'ACH. DESJARDINS,

IMPRIMEUR DE L'ÉVÊCHÉ.

l'instruction religieuse. Peut-être cependant, sans une circonstance particulière, n'aurait-il pas eu la pensée de le faire étudier, tant était grande la pauvreté de ses parens, tant étaient faibles ses propres ressources. Le petit Antoine lia connaissance avec un collégien de Crillon (1); ce jeune homme, auquel il empruntait souvent des livres afin de les parcourir dans ses momens de loisir, lui demanda un jour s'il lui serait agréable d'apprendre le latin et lui proposa de l'aider dans ses premiers essais. Cette proposition fut acceptée. On demanda au père d'acheter une Grammaire de Lhomond, et le petit enfant de chœur se mit aussitôt à l'apprendre. M. le curé de Crillon, auquel il n'avait pas fait part de son entreprise, en fut cependant bientôt informé. Il l'interrogea sur ce qu'il avait étudié, et frappé de la justesse de ses réponses il comprit que Dieu lui demandait de tout entreprendre pour faciliter au pauvre enfant l'entrée de la carrière ecclésiastique. Il le prit alors au presbytère, commença à diriger ses études, et quelque tems après, au mois d'octobre 1820, il parvint à le placer gratuitement au collége mixte de Beauvais, en se chargeant lui-même des frais de son entretien.

Le collége de Beauvais était alors dirigé par M. l'abbé Guénard, dont la mémoire est encore ici en vénération. Les sciences, il est vrai, n'étaient pas assez cultivées dans cet établissement, défaut que l'on pouvait alors reprocher à la plupart des colléges communaux et des petits-séminaires, mais les études classiques y étaient fortes, et sous un régime tout

______

(1) M. Blond, actuellement curé de Jaux, près Compiègne.

paternel la discipline était rigoureusement observée. Le protégé du curé de Crillon, quand il y fut reçu, venait seulement d'atteindre sa dixième année; il y avait fort peu de tems qu'il avait été initié au latin, on le trouva cependant capable d'entrer en cinquième. Ses succès dans toutes les facultés justifièrent l'idée qu'on avait conçue de lui.

Les enfans qui ont la conception vive sont rarement laborieux. Une grande facilité pour le travail met à leur disposition un tems considérable, et bien souvent ils n'ont pas assez de raison pour ne pas le perdre. Il n'en fut pas ainsi du jeune Antoine : à une conception facile, à un jugement sûr, il joignait encore une étonnante énergie et un grand amour pour l'étude. Lorsque les devoirs qui avaient été donnés ne suffisaient pas pour remplir ses heures de travail, ce qui arrivait presque toujours, il savait s'en imposer à lui-même de particuliers; on le voyait surtout occupé à méditer ses auteurs, à en remarquer les beautés, à lire les chefs-d'œuvre de notre littérature et à les imiter ensuite dans des compositions plus ou moins étendues. Avec de telles dispositions il est impossible qu'un jeune homme ne fasse pas de rapides progrès, aussi le jeune Poullet continua-t-il à avoir des succès brillans et fut-il constamment, jusqu'à la fin de sa rhétorique, l'élève le plus distingué de son cours. Tout en s'appliquant à l'étude avec ardeur, il travaillait avec non moins de zèle à la réforme de son caractère. Ce n'est pas qu'il ait eu des défauts notables à corriger; les qualités du cœur ne le cédaient guère chez lui aux qualités de l'esprit; il était grave, réservé, modeste, respectueux envers ses maîtres, bon avec ses condisciples; il se prévalait rarement de ses talens. Toutefois, quand on l'offensait, il se laissait facilement aller à un mouvement d'impatience, et il lui échappait à l'occasion de ces paroles dédaigneuses qui blessent d'autant plus qu'on apprécie davantage le mérite de celui de qui elles partent. Mais après qu'on lui eut fait remarquer cette imperfection, il veilla tellement sur lui-même, que, lorsque les élèves avaient à se prononcer sur ceux de leurs condisciples qui avaient des droits au prix de vertus, il était toujours un de ceux qui réunissaient le plus de suffrages.

Quand il eut terminé sa rhétorique, M. Poullet fut admis au grand séminaire de Beauvais, puis envoyé presque aussitôt au petit séminaire de Noyon pour faire une classe élémentaire. Le chef de cette maison, qui maintenant occupe un des postes les plus élevés du diocèse (1), avait autrefois donné des leçons de philosophie au collége de Beauvais. Il continuait à enseigner cette science à ceux des professeurs qui ne l'avaient pas encore étudiée et en même tems à un certain nombre de personnes instruites de la ville. Le nouveau maître fut autorisé à suivre ce cours; mais l'étude de la philosophie, qu'il devait bientôt enseigner avec tant de distinction, faillit lui être funeste. Avec son activité naturelle, la curiosité de son esprit, son amour démesuré pour la science qui se changeait en passion, il ne pouvait s'en tenir aux leçons qu'il recevait de son supérieur. Ce devint un besoin pour lui d'approfondir toutes les graves et difficiles questions de la métaphysique et d'étudier tout ce qui lui paraissait propre à jeter quelque

____

(1) M. l'abbé Delettre, vicaire-général.

lumière sur la discussion. Une certaine har-
diesse qu'il conserva toujours, mais qu'il
sut plus tard contenir dans de justes bornes,
le porta même à rechercher de préférence les
ouvrages où les vérités établies se trouvaient
combattues, afin d'acquérir la certitude que
l'on n'avait pas dissimulé les difficultés. En
étudiant de la sorte la philosophie, il ne renon-
çait pas cependant à la littérature qui, jusqu'alors, avait fait ses délices. Toutes les fois
qu'il pouvait trouver un nouvel auteur en
prose ou en vers, grec, latin ou français, il le
dévorait avec avidité. Bientôt le jour ne lui
suffit plus, il prit pour étudier une partie du
tems consacré au sommeil.

Si ardent pour tout ce qui pouvait lui faire
acquérir de nouvelles connaissances, lancé
dans les hautes régions de la science, le jeune
professeur devait nécessairement s'occuper peu
de ses élèves; son genre de vie était d'ailleurs
contraire aux règles établies dans la maison, et
pouvait compromettre sa santé. On craignait
en outre que, malgré la maturité précoce de
son esprit, il ne fût pas toujours capable de se
prémunir contre les erreurs renfermées dans
les livres dont il se permettait si facilement la
lecture. On lui fit donc des représentations
réitérées; et comme toujours, malgré ses pro-
messes, il se laissait entraîner par sa passion
dominante, on lui annonça qu'il ne pouvait
rester plus long-tems, et qu'il devait aller ter-
miner au grand-séminaire de Beauvais ses études philosophiques. Cette déclaration, à laquelle il était loin de s'attendre, fut pour lui
comme un coup de foudre, et l'ébranla profondément. Jusque-là il n'avait pensé qu'à l'état
ecclésiastique, et ne s'était senti de goût pour
aucune autre profession; mais entravé dans ce

qu'il regardait comme l'exercice légitime de sa liberté, blessé cruellement par la mesure prise à son égard, il se demanda s'il pourrait jamais mener la vie d'abnégation et de sacrifices que le prêtre s'impose. Il fut alors sur le point de renoncer à l'habit dont il était revêtu. Cependant comprenant que ce n'était point sous l'empire d'une impression fâcheuse qu'il devait prendre un semblable parti, il se soumit. Cette détermination le conserva à l'Eglise. Rentré dans la retraite, il se mit à réfléchir plus sérieusement à l'état qu'il avait voulu abandonner; et pensant que si, pour suivre la carrière sacerdotale on doit faire d'immenses sacrifices, il est glorieux aussi de se dévouer pour le bonheur de ses semblables, il se détermina irrévocablement pour cette noble carrière.

A partir de ce moment l'abbé Poullet se fit remarquer par sa soumission et sa piété autant que par son esprit et ses talens, et devint le modèle de tous les élèves du séminaire. Son amour pour l'étude ne le quitta pas, mais il sut le régler en se conformant aux avis de ses maîtres à la direction desquels il s'abandonna avec une confiance sans réserve. Ceux qui furent ses compagnons d'études ne pourront jamais oublier le zèle qui le portait à recueillir les moindres annotations du professeur et la modestie avec laquelle il répondait à toutes les questions qui lui étaient adressées. Loin de nuire à ses progrès dans l'étude de la philosophie et des sciences ecclésiastiques, cette conduite contribua beaucoup à le faire avancer d'une manière plus rapide et plus sûre. On connaissait du reste sa prodigieuse facilité, et loin de le forcer à consacrer tous ses momens aux auteurs des classes, on lui permettait de consulter encore sur les mêmes ma-

tières des ouvrages plus étendus, et on laissait à sa disposition un tems qu'il pouvait donner à la culture des lettres et des sciences pro-
fanes; mais les heures fixées n'étaient jamais
dépassées.

Dans l'année scholaire 1827-28, la chaire
de philosophie devint vacante au séminaire de
Beauvais : on n'hésita pas un seul instant à
choisir M. Poullet pour remplir un poste si
difficile. A cette époque, il n'était encore âgé
que de 17 ans; son cours de théologie était
loin d'être terminé; il n'avait reçu que les ordres mineurs. Ces considérations n'empêchè-
rent pas de lui confier un enseignement dont
on appréciait toute l'importance, mais pour
lequel il paraissait difficile de trouver un
homme plus capable que lui. Le succès dé-
passa encore de beaucoup les espérances que
l'on avait conçues; il enseigna la philosophie
avec une si grande facilité d'élocution, une
telle clarté, une telle netteté d'exposition, qu'il
fut toujours écouté avec plaisir. Cette science,
qui n'est pas sans aridité, devenait attrayante
dans sa bouche pour ceux même dont l'intelligence était le moins développée. Mais ce n'était
pas assez pour M. Poullet de traiter avec lu-
cidité les matières ordinairement discutées
dans l'école, de les présenter sous un nouveau
jour et avec de nouveaux développemens. Il
sentit qu'il fallait faire sortir l'enseignement
philosophique des limites où il avait été jusque
là circonscrit, et il ne fit pas difficulté d'abor-
der de nouvelles questions qu'il regardait
comme devant en être le complément indispen-
sable. Lorsqu'en 1830 la révolution, après avoir
renversé l'ancienne dynastie, eut mis de nouveau à l'ordre du jour la discussion sur l'ori-
gine du pouvoir et sur les rapports sociaux,

soulevée par les philosophes et les publicistes des deux derniers siècles, le jeune professeur se demanda pourquoi les prêtres, dont la science devrait être presqu'universelle, étudiaient si peu les questions politiques. Il était convaincu que le clergé n'a point à se mêler des affaires purement temporelles, mais il ne comprenait pas qu'il dût rester étranger aux théories de l'ordre social après les savantes investigations de Bossuet et de Fénélon. La science politique se rattache à la morale, l'une des grandes parties de la philosophie; il se mit à l'approfondir; puis, lorsqu'il eut arrêté ses idées, il les exposa à ses élèves qui s'estimèrent heureux d'être initiés de si bonne heure et par un tel maître à une étude aussi intéressante que celle du droit public. Les doctrines qu'il adopta de préférence sont celles que M. de Haller a développées dans son savant ouvrage *de la Restauration de la science politique*, doctrines opposées aux théories de Locke, de Montesquieu, de Rousseau et de Sieyes, et cependant véritablement larges et libérales.

M. Poullet continua à enseigner ainsi la philosophie jusqu'en 1832, lisant et résumant tous les traités qui avaient rapport à cette science, pour être plus à même d'exposer la véritable doctrine de leurs auteurs, et en même tems poursuivant en particulier l'étude de la théologie, afin de se préparer aux saints ordres. Le 22 septembre de cette même année, en vertu d'une dispense particulière de la cour de Rome, car il n'avait pas encore 23 ans, il reçut à Bordeaux, où il était allé passer ses vacances, le sacerdoce des mains de Mgr. le cardinal de Cheverus. Ce saint et savant archevêque, qui a honoré l'épiscopat par la pratique de tant de vertus, ne craignit pas, dans l'allocution qu'il adressa à M. Poullet, après l'avoir consacré prêtre, de lui parler des services importans qu'il était appelé à rendre à la religion. Quoiqu'il n'eût passé avec lui que quelques instans fort courts, il lui avait été facile de l'apprécier ; le mérite du jeune prêtre se révélait toujours malgré la modestie sincère sous laquelle il s'efforçait de le cacher.

A son retour au séminaire de Beauvais, M. l'abbé Poullet fut désigné pour occuper la chaire de théologie dogmatique. Là, comme partout, se révéla son esprit d'investigation. D'abord, et pour s'en tenir à la marche qui avait été jusque là adoptée, il se borna, comme il l'avait fait pour la philosophie, à compléter les ouvrages mis entre les mains des élèves, en les annotant et y ajoutant de nouvelles preuves et de nouveaux développemens. Bientôt il souffrit de se sentir à la remorque d'auteurs élémentaires dont le cadre lui paraissait trop restreint et l'argumentation trop faible. Il était fait, non pour suivre les voies battues, mais pour en ouvrir de nouvelles. Il composa lui-même, sur un nouveau plan les traités qu'il devait faire étudier. Les nouvelles leçons furent reçues avec enthousiasme ; hors de l'enceinte d'un séminaire, où la gravité interdit toute démonstration bruyante, elles eussent incontestablement excité de nombreux applaudissemens. Non seulement M. Poullet y établissait la vérité des différens points du dogme catholique avec cette puissance de logique qui porte la conviction dans tous les esprits, mais il en montrait la beauté, la grandeur, l'enchaînement, avec une éloquence vive et entraînante, que l'on croirait incompatible avec l'enseignement de la théologie scholastique. Il était là orateur sublime sans cesse d'être dialecticien profond.

Dans le siècle précédent, et même au commencement de celui-ci, les ennemis de la religion ont appelé à leur aide, pour l'attaquer, les sciences et les arts; les moindres découvertes sont devenues entre leurs mains des armes contre elle. Un grand nombre d'hommes, peu instruits ou peu jaloux de vérifier l'exactitude des faits qui ont été allégués, se laissent encore séduire par ce brillant étalage d'érudition et refusent d'admettre l'authenticité des livres saints, dont la chimie, la physique, la géologie, l'ethnographie, disent-ils, démontrent chaque jour la fausseté. Il suffirait sans doute de dire à ces incrédules, en leur citant le témoignage de savans distingués, que les prétendues découvertes ne sont point toutes incontestables, que les conséquences qu'on en a tirées sont loin d'être rigoureuses, que d'ailleurs les preuves sur lesquelles repose l'authenticité des livres de Moïse sont trop solides pour que la science puisse jamais démentir leurs récits. Mais M. Poullet ne pouvait se borner à donner une semblable solution. Que faire donc? connaître à fond chacune des sciences dont on invoquait le témoignage. Lorsqu'il lui fallut rédiger son *Traité de la Religion* (1833-34), il ne trouva pas cette entreprise au-dessus de ses forces. L'année précédente, il avait suivi le cours de physique et de chimie que M. le docteur Gérard avait fait au séminaire; il n'était pas non plus resté jusque-là étranger à l'ethnographie linguistique, à l'archéologie, à la géologie, et aux autres branches de l'histoire naturelle. Il reprit l'étude de toutes ces sciences, surtout de celle qu'on a le plus exploitée pour attaquer la Bible, la géologie, dont il donna, dans son Traité, une analyse assez détaillée. Plus il étudiait et plus il était convaincu que, loin de fournir des argumens contre les croyances catholiques, les œuvres de la nature et les monumens des peuples leur étaient favorables, et que s'ils avaient paru en contradiction avec les livres sacrés, c'était parce qu'on ne les avait point assez connus, ou que l'on n'avait pas toujours assez compris le véritable sens de ces livres.

Quelqu'étendue que fut l'analyse de géologie donnée dans la classe de dogme, elle devait nécessairement être insuffisante pour des jeunes gens qui n'avaient pas appris les premiers élémens de cette science. La difficulté qu'ils eurent à comprendre ce qui leur était enseigné, donna au professeur l'idée de faire un cours public complet, où les personnes instruites du dehors pourraient être admises, comme précédemment elles l'avaient été aux leçons de chimie. M. Poullet était un de ceux qui avaient le plus contribué à ce que le cours commencé par M. Gérard, dans la ville, fût transféré au séminaire; il avait voulu lui-même en être le préparateur, et avait acheté, à ses propres frais, tous les instrumens qui devaient servir pour les expériences. Il fut heureux d'être encore autorisé à inaugurer ce nouvel enseignement, auquel la chimie était en quelque sorte une introduction nécessaire. On sait avec quel empressement le cours de géologie fut suivi. La plus vaste salle du séminaire suffisait à peine à cette réunion nombreuse d'hommes honorables et éclairés qui venaient écouter M. Poullet, et au milieu desquels se trouvait toujours le savant auteur des statistiques du département de l'Oise. M. Graves avait été le guide du jeune professeur dans ses premières études d'histoire naturelle, et il avait appris alors à le connaître; il aimait à suivre ses leçons et à l'accompagner ensuite dans les excursions qu'il entreprenait avec ses auditeurs pour leur mieux faire comprendre, par l'inspection même des couches de la surface du globe, les notions qu'il leur avait données.

Ce qui rendait surtout intéressant le cours de M. Poullet, c'est qu'après y avoir exposé avec simplicité les premières notions de la science et être entré dans les plus minutieux détails pour faire connaître les différens terrains et les êtres organisés qu'ils renferment, il s'élevait à de hautes considérations sur les phénomènes de la nature et sur les causes qui ont pu produire les grandes révolutions du globe. Il n'y a pas une question difficile de géographie physique et de géogénie qu'il n'ait considérée sous tous ses points de vue et traitée véritablement en maître de la science, tout en se mettant à la portée de ceux qui l'entendaient.

La préparation de ce cours et l'étude de tant d'autres sciences n'absorbaient cependant pas tous les momens que la théologie laissait à M. Poullet; il savait encore trouver chaque semaine plusieurs heures pour l'étude des langues qu'il désirait connaître à fond, afin d'être à même de lire les ouvrages des savans étrangers. On peut difficilement se faire une idée de toutes les choses qu'il étudiait à la fois. Nous avons entre les mains une partie de son journal d'étude, vaste répertoire où il enregistrait jour par jour tout ce qu'il avait appris, et qu'il relisait souvent pour ne pas oublier ce qu'il savait. L'on y voit que dans une même année, celle de 1832-33, où il avait à faire

chaque jour une classe de théologie dogmatique, et de plus un cours d'écriture sainte deux
fois chaque semaine, il étudiait l'histoire, la
chimie, la physique, les mathématiques, la
physiologie, l'entomologie, la botanique, la
minéralogie, la géologie, l'hébreu, l'anglais
et l'espagnol; ce qui ne l'empêchait pas de
préparer, pour les petits séminaires, un recueil de morceaux choisis des Pères de l'Eglise
grecque, livré un an plus tard à l'impression,
de composer des discours et des conférences,
et de lire un grand nombre d'ouvrages de
littérature.

L'année même où s'ouvrit au séminaire le
cours de géologie, on fonda à Beauvais, pour
le département de l'Oise, une Société agricole
et industrielle. M. Poullet ne s'était occupé
jusque-là ni d'industrie, ni d'agriculture, mais
on savait fort bien qu'il ne tiendrait qu'à lui
d'être bientôt initié à tous les secrets des arts
mécaniques, à toutes les tentatives faites dans
le but d'augmenter le bien-être matériel. L'on
était convaincu d'ailleurs qu'un homme de son
mérite n'est jamais déplacé dans une réunion
de personnes qui cherchent à s'instruire et à
perfectionner. L'on fit donc appel à son zèle,
et il y répondit. Se trouvant dans les premières séances le plus jeune de tous les membres présens, il dut y remplir les fonctions de
secrétaire, mais ce choix du hasard ne tarda
pas à être confirmé par les suffrages de ses
collègues. Dès ce moment, non seulement il
s'appliqua à apporter le plus grand soin à la
rédaction des procès-verbaux, non seulement
il se mit à lire les publications des sociétés qui
avaient le même objet que celle de Beauvais
pour en extraire tout ce qu'elles pouvaient contenir de découvertes utiles, mais il regarda en-

2

core comme un devoir d'acquérir lui-même les connaissances que semble exiger le titre de membre d'une société industrielle et agricole. Son journal d'étude est encore plein de notes qu'il a prises en assistant à des concours ou en visitant l'exploitation du Ménil et les principales manufactures du département de l'Oise.

C'est d'après le vœu exprimé au sein même de la société que fut établie à Beauvais une caisse d'épargne et de prévoyance; les souscripteurs s'empressèrent encore de nommer M. Poullet membre du conseil d'administration de cette caisse; il semblait qu'on ne pouvait plus créer dans le département une institution utile sans qu'il fût appelé à y prendre part.

Conformément aux dispositions du réglement il cessa après deux années révolues, d'exercer la charge de secrétaire, mais il ne resta pas pour cela étranger aux travaux de la société, et il continua de fréquenter les hommes honorables avec lesquels ces fonctions l'avaient mis en rapport, et dont, son esprit doux et conciliant, ainsi que ses bonnes manières et son savoir, lui avaient fait autant d'amis sincères et dévoués. Un de ceux qu'il fréquentait le plus était M. Le Caron de Troussures qui, le premier, avait occupé le fauteuil de la présidence. Il aimait à s'entretenir de science, de littérature, et quelquefois aussi des glorieuses expéditions de l'empire avec ce brave compagnon d'armes du maréchal Soult. M. Le Caron mourut le 22 mai 1836, et ce fut M. Poullet qui se chargea de payer à sa mémoire, au milieu de ses collègues, un juste tribut de regrets. Il s'acquitta de cette noble tâche avec talent, et en même tems avec un profond sentiment de vénération pour le respectable ami dont il pleurait la perte. Il faisait remarquer avec douleur que M. Le Caron n'était pas arrivé à sa 54e année quand il fut frappé par la mort. Hélas! il ne devait pas lui-même attendre les deux tiers de cette trop courte existence (1)!

Au mois d'octobre 1834, M. Gignoux fonda à Goincourt un pensionnat en faveur des familles chrétiennes qui ne destinant pas leurs enfans à la carrière sacerdotale, veulent cependant leur donner une éducation religieuse. L'ecclésiastique dévoué auquel fut confiée la direction de ce nouvel établissement (2), était un des amis intimes de M. Poullet. Il le conjura de venir quelquefois l'aider de ses conseils et de se charger d'enseigner lui-même à ses élèves les sciences naturelles. Malgré ses occupations, M. Poullet se rendit encore à l'appel de son ami, et consentit à aller deux fois chaque semaine au pensionnat de Goincourt, pour y donner quelques notions de physiologie, de botanique et d'entomologie. Le professeur qui dans l'enceinte du séminaire avait à parler devant un grave et sérieux auditoire, ne se trouvait cependant pas mal à l'aise au milieu d'une jeunesse si vive, si légère, qui s'affectionna à lui de plus en plus. En même tems qu'il cherchait à développer dans ces jeunes enfans l'esprit d'observation, de comparaison, de raisonnement, de méthode, dispositions indispensables dans les sciences et dans les affaires, il s'efforçait de leur rendre son enseignement aimable et de le transformer en une espèce de délassement, « heureux d'ajouter une fleur de plus à cette

____

(1) Bulletin de la Société agricole et industrielle de l'Oise.

(2) M. l'abbé Marthe.

couronne de joies pures qui embellit le front de l'adolescence, et d'adoucir par une innocente distraction les travaux sérieux qu'on est obligé d'imposer à ces intelligences naissantes (1). » Les jeunes naturalistes trouvèrent en effet dans les leçons de leur maître profit et agrément pour l'esprit, et ce qui est plus précieux encore, ils y apprirent à aimer Dieu avec plus d'ardeur et à croire plus fermement les sublimes vérités que la foi enseigne, avantage immense que les sciences naturelles offrent presque toujours à ceux qui les étudient avec un esprit droit et un cœur pur; car, comme M. Poullet aima à le répéter après William Herschel dans le discours qu'il prononça à l'une des distributions des prix de l'établissement de Goincourt (1836), « s'il est vrai que l'étude de la philosophie naturelle, faisant contracter l'habitude d'une observation sévère et positive, soit un excellent préservatif contre les illusions de la crédulité et les chimères de la superstition, loin de prévenir l'esprit contre les enseignemens d'une révélation authentique, elle le prépare à la recueillir avec docilité. La science de la nature nous montre en Dieu tant de puissance et d'amour, dans l'homme tant de grandeur et de faiblesse, et dans les moindres créatures tant d'impénétrables mystères, qu'elle nous dispose à tout croire et à tout espérer. »

En donnant ses leçons au pensionnat de Goincourt, M. Poullet s'était instruit lui-même. Observateur attentif, il n'avait pas négligé d'étudier le caractère des jeunes élèves de cet établissement, qui tous appartenaient

---

(1) Discours sur les avantages moraux de l'étude des sciences naturelles, par M. l'abbé Poullet.

aux classes élevées de la société. Il avait appris à les connaître et à les bien conduire. Il ne tarda pas à se féliciter de ses observations et de l'heureuse expérience qu'il avait acquise.

L'ancienne abbaye de Saint-Vincent de Senlis était devenue la propriété d'un entrepreneur de bâtimens. Cet édifice grandiose où la congrégation de Sainte-Geneviève établit autrefois un collége, devait nécessairement être détruit si personne ne se présentait pour l'acheter. La ville de Senlis se voyait avec peine sur le point de perdre un de ses plus beaux monumens. On eut alors la pensée de faire des démarches auprès du fondateur de la maison de Goincourt, pour le déterminer à faire l'acquisition de Saint-Vincent, et à y créer ensuite une institution semblable à celle qu'il avait précédemment établie avec l'approbation de l'autorité diocésaine. Senlis ne possédait aucun établissement de ce genre, et là on n'avait pas à craindre la concurrence sérieuse qui pouvait exister aux portes de la ville épiscopale. Malgré la difficulté immense de l'entreprise, le supérieur du séminaire comptant sur le concours de plusieurs de ses collaborateurs, céda aux instances qui lui étaient faites (mai 1836). Mais il fallait pour la maison que l'on voulait créer un directeur capable de lutter contre bien des obstacles et d'inspirer la confiance. Le choix semblait naturellement devoir tomber sur M. Poullet; ce ne fut toutefois qu'après une longue hésitation que M. Gignoux consentit à se séparer d'un collègue qui rendait d'immenses services dans l'établissement qu'il dirigeait lui-même. Désigné par ses supérieurs, le professeur de dogme du séminaire de Beauvais prit les grades de bachelier ès-lettres et de bachelier ès-sciences, et pourvu de l'autorisation du conseil royal de l'instruction publique, il alla se mettre à la tête de la nouvelle institution qui s'ouvrit le 3 octobre 1836.

Peu connu à Senlis, et ne voulant d'ailleurs admettre dans sa maison que des enfans très-jeunes, afin d'y établir un bon esprit, M. Poullet ne compta, les premières années, qu'un petit nombre d'élèves, ce qui lui permit de se préparer aux grades supérieurs dans les sciences et dans les lettres (1), et d'ouvrir des cours publics de chimie, de physique et de géologie. Bientôt, comme à Beauvais, ces cours attirèrent un grand nombre d'hommes distingués par leur science et leur position sociale, et firent connaître tout le mérite du supérieur de Saint-Vincent. Le nombre des élèves s'accrut dès-lors rapidement, et quatre ou cinq ans seulement après l'ouverture de la maison, il s'élevait à plus de deux cents.

La qualité de supérieur d'une maison d'éducation chrétienne exige un grand esprit de sacrifice et d'abnégation. M. Poullet le comprit; aussi sut-il se dévouer jusqu'à user ses forces et sacrifier sa santé.

Non content d'avoir choisi des maîtres instruits, de les aider de ses conseils, de les animer par ses exhortations, de faire visiter les classes par des préfets d'études investis de sa confiance, il voulait être lui-même partout, s'occuper de tout, tout connaître. Il faisait venir chez lui les jeunes gens qui n'étudiaient pas assez pour les reprendre et les exciter au travail : les compositions lui étaient remises et

---

(1) M. Poullet fut reçu docteur ès-sciences en 1837. Quelque tems après il prit le grade de licencié ès-lettres.

il les examinait toutes afin de s'assurer qu'elles
avaient été corrigées avec soin, et de connaître aussi la force de ses élèves. Que d'heures
consacrées à ce travail sans résultat utile pour
celui qui l'entreprend! Que de jours encore
donnés aux examens trimestriels, que de momens précieux enlevés au sommeil et qu'il
employait à lire et annoter les bulletins
destinés aux familles; puis, avec tout cela,
souvent il avait des classes à faire, car il rem-
plaçait fréquemment des professeurs absens
ou indisposés, et quand son établissement put
jouir, par suite de ses démarches, du droit
de plein exercice, il ne voulut jamais consentir à ce qu'aucun autre que lui fût chargé de
la chaire importante de philosophie. C'était
encore lui qui préparait au baccalauréat les
élèves des classes supérieures. Il faut l'avoir
vu à l'œuvre pour concevoir ce que son zèle et
son amour pour ses chers enfans lui faisait
entreprendre. On est étonné qu'avec une cons-
titution aussi faible il ait pu résister si long-
tems à tant de sollicitudes, à tant de fatigues
et d'épreuves.

Il n'avait tenu qu'à M. Poullet de se déchar-
ger du fardeau de l'instruction secondaire, et
de se soustraire à tous ces soins minutieux
pour aller occuper un poste honorable et se
livrer à des occupations plus en harmonie
avec ses goûts. A l'époque où le gouvernement, de concert avec l'autorité ecclésiastique, donna une nouvelle organisation à la
faculté de théologie de Paris, une chaire lui
fut offerte. On voulait le compter au nombre
des nouveaux professeurs, et l'on fit même
auprès de lui et de l'évêque de Beauvais mille
instances pour qu'il acceptât. Là il aurait pu
suivre sa passion pour l'étude des sciences et

briller au milieu d'une multitude d'hommes éclairés qui seraient venus se presser autour de lui pour recueillir avec avidité ses éloquentes paroles et ses lumineuses expositions. Mais rien ne pouvait plus le séparer de la famille adoptive à laquelle il s'était voué sans réserve.

Tout entier à ses élèves, M. Poullet ne refusait cependant pas de recevoir lui-même les parens. Il les accueillait toujours avec une politesse exquise, une amabilité touchante, et en même tems avec cette facilité et ce bon ton qui n'appartiennent guère qu'à ceux qui ont long-tems vécu au milieu du grand monde. Lorsqu'il était avec eux l'on eût dit qu'il n'avait qu'une seule occupation dans l'établissement qu'il dirigeait, celle de recevoir leur visite. S'il ne leur dissimulait pas les défauts de leurs enfans, il savait aussi les entretenir de leurs bonnes qualités, de ses espérances, et rendre ainsi moins pénibles les aveux qu'il avait été obligé de leur faire.

Lorsqu'à la fin de chaque année la touchante solennité des prix venait couronner et les efforts des maîtres et les travaux des élèves, M. Poullet se réservait encore de porter la parole devant cet auditoire nombreux qui venait prendre part à la joie des familles et partager leurs émotions. Écrits dans un style facile et élégant, ses discours étaient surtout remarquables par la profondeur des pensées, comme par la noblesse des sentimens. Le supérieur de Saint-Vincent aimait, tantôt à y exposer les principes suivis dans son établissement, tantôt à y rappeler les graves obligations des parens, tantôt à retracer à ses élèves leurs devoirs envers Dieu, leurs familles et la société. Il nous serait impossible d'analyser ici tous ces éloquens discours véritables chefs-d'œuvre du genre académique. Ils ont toujours été recueillis avec empressement par ceux qui ont assisté aux distributions des prix de Senlis, et bientôt ils seront imprimés de nouveau avec les œuvres inédites de leur auteur.

Quoique les occupations multipliées de M. Poullet ne lui laissassent, surtout dans les dernières années, que fort peu de tems pour les sciences, il ne pouvait cependant consentir à y renoncer entièrement. Profitant des moindres instans que pouvait lui laisser le soin de sa maison, il cherchait encore à s'instruire. Dans ses courses, dans les visites qu'il faisait seul au dehors, il portait avec lui les bulletins des sociétés savantes dont il était membre ou quelques publications nouvelles et il les lisait avec attention. C'était surtout dans leurs rapports avec la religion qu'il aimait à étudier les sciences humaines. Il regrettait qu'il n'existât pas un grand ouvrage, véritable encyclopédie religieuse, où elles fussent toutes traitées à ce haut point de vue, et il ne craignit pas de convier les artistes, les physiciens, les naturalistes, les archéologues et les philosophes chrétiens à se réunir pour former cette œuvre gigantesque qu'il ne considérait pas comme chimérique. Il était un des principaux rédacteurs du *Correspondant*. C'est dans ce recueil qu'il inséra le beau travail où il fait cet appel au monde savant. Là il expose son vaste plan avec une admirable précision, trace la marche qu'il convient de suivre pour arriver plus sûrement au terme, et indique à chaque science le tribut qu'elle doit apporter pour concourir à la fondation d'un monument si digne de figurer parmi les entreprises importantes de l'intelligence humaine.

Lui-même il avait préparé ses matériaux, et si la mort ne l'eût pas enlevé si tôt, il eût posé les premières pierres de ce magnifique édifice (1).

Pendant le tems des vacances, M. Poullet aimait à entreprendre, lorsqu'il le pouvait, quelque lointain voyage, mais c'était plus encore pour satisfaire ses goûts d'artiste et de savant, que ponr prendre un repos dont il avait besoin. Dès long-tems avant le départ il s'était procuré les ouvrages relatifs aux lieux qu'il allait parcourir; il savait où il aurait quelques monumens remarquables d'architecture, quelques chefs-d'œuvre de peinture, de gravure et de sculpture à examiner, où il pourrait rencontrer une nouvelle industrie; tous les musées lui étaient déjà connus, et il en parlait comme s'il les avait mille fois visités; il avait noté les endroits où il pourrait trouver quelques roches remarquables, de nouveaux insectes, de nouvelles plantes et de nouveaux fossiles. Dans la route, il voyait tout, il observait tout, il s'appliquait à tout décrire comme s'il eût dû un jour livrer à l'impression la relation de ses voyages. Avec quel bonheur en 1841 il visita les diverses parties de l'Italie, ayant en main Virgile et Horace pour reconnaître les lieux qu'ils ont décrits. Le but qu'il s'était proposé avait été d'étudier les antiques monumens de Rome, d'Herculanum et de Pompéi, de savoir les modifications qu'avaient pu subir dans ces contrées l'architecture religieuse pendant la durée du moyen-âge, de voir et d'admirer les

____

(1) Le *Correspondant*, t. X. p. 1 et p. 841, deux articles avec ce titre : Projet d'une somme du 19e siècle, appel aux savans et aux artistes.

œuvres incomparables de Cimabue, de Giotto, de Michel-Ange, de Léonard de Vinci, du Pérugin, de Raphael, du Titien, de Bramante et du Corrège, et d'apprendre à saisir les principaux caractères qui distinguent les grandes écoles Florentine, Romaine, Vénitienne et Lombarde. Il songeait cependant aussi à ses collections d'histoire naturelle, et il revint chargé de laves du Vésuve, de poissons fossiles du *Monte-Bolca*, d'une multitude de plantes, de coquilles terrestres, et de minéraux recueillis dans des localités différentes.

Cette année, c'est l'Afrique française que M. Poullet voulut parcourir; il y avait là pour lui d'autres productions naturelles à connaître, une autre race d'hommes à voir, d'autres mœurs à étudier. Ce voyage d'ailleurs devait lui être peu dispendieux, sa réputation bien méritée de savant lui avait fait obtenir du gouvernement le passage gratuit sur un des bâtimens de l'état. Ayant rejoint à Paris, le 19 août, plusieurs de ses élèves qui devaint l'accompagner dans son expédition (1), il se dirigea d'abord vers Avignon, entretenant pendant la route ses compagnons de voyage, tantôt d'astronomie, tantôt de géologie ou de quelqu'autre science, les amusant aussi parfois avec les scènes populaires d'Henri Monnier, qu'il s'était procurées au relais d'Avalon. M. Poullet n'était point, comme ou pourrait le penser, un de ces savans qui, ne pouvant s'occuper que de leurs études favorites, restent silencieux, ou fatiguent tout le monde par leurs conversa-

---

(1) Nous tenons les détails que nous donnons sur le voyage de M. Poullet en Algérie, de M. Paul Pinard, ancien élève de Saint-Vincent, et l'un de ses compagnons de voyage.

tions scientifiques; toujours gai, toujours aimable, il savait, après avoir traité une question savante avec intérêt, changer de conversation, et jouer avec des sujets propres à amuser et à distraire. D'Avignon il se rendit à Toulon, où l'appelaient des affaires particulières : là il s'embarqua, le vingt-cinq août, sur le bâtiment *l'Euphrate*, aux ordres du capitaine Pradier. Recommandé d'une manière spéciale par le commandant de Toulon, il fut traité à bord avec toute espèce d'égards, et comme passager de l'Etat il prit ses repas avec les officiers. Son occupation pendant la traversée fut d'apprendre tous les termes de marine et de se faire expliquer la manœuvre d'un vaisseau. Quelquefois il s'amusait lui-même à jeter le *loch* à la mer et à compter les nœuds. Arrivé à Alger le 28 août au matin, il employa sa première journée à visiter la fameuse forteresse de la *Kasbah*, les quartiers arabes qui y conduisent, le fort l'Empereur, un cabinet de géologie formé de roches du pays, et plusieurs autres curiosités remarquables de la ville et du voisinage. Les plantes qu'il rencontrait sur son chemin attiraient toute son attention; il ne pouvait s'empêcher de s'arrêter surtout devant ces énormes *cactus* de 15 pieds de haut, qui produisent le fruit assez fade connu sous le nom de figue de Barbarie. Le lendemain il s'était proposé d'aller à *Blidah*; mais retenu par une légère indisposition, et voulant cependant que ses compagnons de voyage missent tous leurs momens à profit, il les y envoya sous la conduite d'un médecin dont il avait fait la connaissance. Le 3 août, après avoir visité le gouverneur, l'amiral et plusieurs autres fonctionnaires supérieurs qui le reçurent avec distinction, il s'embarqua pour Philippe-Ville à bord du *Vautour*, bâtiment faisant le service des dépêches de la côte; mais la mer devint mauvaise, et il fut obligé d'aller jusqu'à Bone. A Bone, M. Poullet eut le bonheur de rencontrer monseigneur l'évêque d'Alger, et M. l'abbé Suchet, son vicaire-général, qui lui procurèrent de précieux renseignemens. Là aussi, il put, devant de précieuses reliques de saint Augustin, dire la messe dans une vieille mosquée transformée en église, et ce fut pour lui une bien douce satisfaction. Pendant son séjour dans cette ville, deux fois il se rendit aux ruines d'Hippone qui ne sont éloignées de Bone que d'un quart de lieue, et où l'on arrive après avoir cotoyé de magnifiques prairies et de beaux bosquets d'oliviers, de figuiers, et de jujubiers. Sur le gracieux mamelon qu'occupait autrefois cette ville épiscopale de saint Augustin, et que baignent la *Seybouse* et la *Boudjima*, se trouvent encore d'immenses voûtes que l'on considère comme des citernes, les débris d'une des portes de la ville, les restes d'une basilique de la paix, ainsi qu'une multitude de pans de murs couverts presque partout par une épaisse végétation et surtout par de belles et gracieuses feuilles d'Alicanthe. C'est là aussi que monseigneur Dupuch a fait construire, avec les souscriptions des évêques de France, une modeste église sur le tombeau de saint Augustin.

Le 5 septembre, M. Poullet quitta Bone avec sa petite troupe pour aller dans l'intérieur des terres explorer une partie de la province de Constantine. Dès la veille il avait retenu deux guides et un interprète, loué cinq mulets et acheté pour lui et ses compagnons des armes, des couvertures, des bâtons et des gourdes qu'on eut soin de remplir d'eau-de-vie et de rhum. Le départ eut lieu à 8 heures du matin. On se dirigea d'abord vers *Guelma*, l'ancienne *Calame* célèbre par ses évêques. La première journée n'offrit rien de remarquable; on prit du lait chez les *Beni-Mortar*, une légère collation de pain et de fromage sur les bords d'un petit courant bourbeux appelé le *Ruisseau-d'Or*, et on put atteindre, non sans difficulté, pour prendre le repos de la nuit, le camp de *Neichmeiah*, qui consiste en deux auberges en planches et deux blockaus; souvent le sommeil fut interrompu par les hurlemens de la hyène qui se faisaient entendre à cent pas au plus de l'habitation. Dès trois heures du matin on se hâta de partir pour continuer la route à dos de mulets; on arriva de bonne heure à *Guelma* après s'être arrêté quelques instans aux sources tièdes d'*Hamman-Berda* où les Romains avaient établi autrefois des bains. C'était un dimanche; le premier soin de M. Poullet fut d'obtenir la permission de dire la messe dans la pauvre chambre qui sert provisoirement d'église. Le reste de la journée fut employé à visiter, sous la conduite du médecin en chef de l'hôpital, les ruines nombreuses de l'ancienne Calame, et le soir on loua de nouveaux mulets afin de partir le lendemain pour Constantine. Augmentée d'une escorte de deux spahis et de quatre chasseurs, la caravane se mit en route à six heures du matin. Après avoir traversé la *Seybouse*, on fit la rencontre de *Sidi-Moustapha*, le cheik des *Medjz-Hammar* pour lequel M. Poullet avait une lettre de recommandation de M. l'abbé Suchet. *Moustapha* rebroussa chemin pour offrir chez lui, au marabout français et à sa suite, un déjeuné composé d'œufs, de lait et de beurre.

L'aîné des enfans du cheik conduisit ensuite la caravane à *Hamman-Mescoutin*, où sur le haut d'une montagne des sources d'eau chaude sortent bouillonnantes de cônes plus ou moins élevés, et retombent en cascades déposant sur le sol une matière incrustante. M. Poullet admira long-tems ce curieux phénomène, dégagea quelques fragmens des roches environnantes, recueillit quelques brins d'herbes incrustés, et l'on repartit pour aller visiter les ruines romaines d'*Hannouna* et gagner ensuite *el-Mansourah*, où l'on devait coucher. Ce fut le cheik *Sidi-ben-Zerquin* qui donna à la troupe, et cela gratuitement, le souper composé de *kouskoussous* et de *pasteques* cuites, avec le coucher pour la nuit.

Le lendemain il fallut partir à une heure du matin, car on devait faire vingt lieues ce jour-là. La caravane s'était adjointe deux nouveaux spahis, le scheik arabe et l'interprète du commandant supérieur de Bone. On voyagea presque continuellement à travers un affreux désert et sur des montagnes qui n'offrent aucune trace de végétation. On passa au milieu des tribus chez lesquelles on venait de faire une razzia, on traversa les lieux où un mois auparavant une colonne de trois cents soldats français malades avaient été massacrés, et enfin on arriva à Constantîne, l'antique *Cyrta*, sans d'autre désagrément que celui d'avoir reçu pendant près de six heures une pluie glaciale. La première chose que l'on fit le jour suivant fut d'aller voir le fameux pont d'*el-Kantara*, chef-d'œuvre de construction romaine, suspendu au-dessus d'un précipice de 800 pieds, où coule le *Rummel*, rivière qui entoure une grande partie de la ville; et pendant que les artistes de la bande en dessinèrent la vue, M. Poullet se mit seul à faire l'ascension du *Kondit-ati* pour y recueillir des roches. Quatre jours furent employés à visiter les curiosités de Constantine : les superbes cascades du *Rummel*, dont l'une tombe de plus de 300 pieds de haut, l'inscription chrétienne gravée sur le roc au bord de cette rivière, des restes d'aqueducs romains, les nombreuses mosquées et le magnifique palais d'*Achmet-Bey*, qui ne le cède, dit-on, qu'à celui du sultan de Constantinople. Le 12 on partit dans une mauvaise calèche, et l'on vint coucher au camp d'*El-arrouch*. Le 13 était encore un dimanche, M. Poullet aurait voulu célébrer la messe avant de quitter le camp, mais l'église bâtie en roseaux était à jour, et l'eau qui tombait par torrent y pénétrait de tous côtés; il resta donc à jeun pour la dire à Philippe-Ville. Philippe-Ville est la *Russicada* des Romains. On y arriva à une heure. Après le repas qui suivit la messe, on alla visiter les citernes, le théâtre, le cirque, les arènes et les autres ruines de cette antique cité. Le lendemain l'on devait quitter le sol d'Afrique et s'embarquer pour Marseille; M. Poullet voulut mettre à profit jusqu'aux derniers momens, et avant le départ il alla voir encore les antiquités de *Stora*, ville royale des Numides, le *sinus numidicus* des Romains.

Après des excursions si pénibles, M. Poullet ne paraissait cependant pas fatigué, et la mer, quoique très houleuse, ne lui faisait éprouver aucun mal. Tandis que tous les passagers souffraient horriblement, il prenait gaîment ses repas, étonné de se trouver seul à table. Pendant la traversée, il fut toujours aimable, parla beaucoup, joua au tric-trac avec les officiers; mais la veille du débarquement, saisi

tout-à-coup d'une fièvre violente et secoué par
d'affreux vomissemens, il fut obligé de garder
le lit, et il ne se releva que pour aller se recou-
cher à l'hôtel. Le jour suivant il se crut mieux,
il alla retenir des places et fit une visite au
père d'un de ses élèves, M. de Possel. Ces
courses l'avaient rendu plus malade encore,
ses traits étaient altérés, son visage pâle, il
respirait difficilement et paraissait affaissé. Ef-
frayé de le voir dans cet état, M. de Possel le
fit coucher et envoya chercher un médecin. Il
est difficile de donner une idée des soins touchans que M. Poullet reçut dans cette honorable famille, et des instances qu'on lui fit
pour l'engager à y demeurer. Que ne s'est-il
rendu à ces pressantes sollicitations! mais il
lui tardait d'être dans sa propre maison au
milieu de ses amis ; d'ailleurs l'époque de la
rentrée approchait, la température de Marseille lui paraissait étouffante, et le médecin lui
permettait d'entreprendre le voyage. Il partit
le dimanche 20 septembre, par la malle-poste
et le 23 il arriva presqu'expirant à Senlis. Appelé aussitôt près de lui, M. le docteur Voille-
mier, médecin de l'institution de Saint-Vincent,
lui donna les soins les plus empressés, mais il ne
se dissimula pas la gravité de la maladie, c'était
moins la violence de la fièvre que la faiblesse ex-
trême et l'état complet d'épuisement du malade
qui l'effrayait. Il se hâta d'écrire à monseigneur
l'évêque de Beauvais pour l'engager à venir
lui-même, et à se faire accompagner de quelqu'habile médecin avec lequel il pût s'entendre.
Tous les secours de l'art furent inutiles. Tout
en conservant sa présence d'esprit et son cou-
rage, M. Poullet s'affaiblissait de plus en plus.
La nuit du 26 au 27, il reçut les derniers sa-
cremens des mains de M. Heu, supérieur du

grand séminaire, qui depuis le 25 ne l'avait pas quitté un seul instant, et le dimanche 27 septembre à dix heures du soir, il expira après avoir pu dire un dernier adieu à ses professeurs réunis, et à son évêque. Arrivé à peine de Bordeaux où il était allé passer le tems des vacances, monseigneur Gignoux s'était empressé de courir à Senlis, et il eut la triste consolation de recevoir le dernier soupir de celui dont il avait dirigé les premiers pas dans la carrière du sacerdoce, et qui avait toujours été pour lui un ami sincère, et un enfant dévoué et soumis.

L'on sait avec quelle douleur les membres les plus éminens de l'Université apprirent ce déplorable événement; l'on connaît les lettres si pleines d'éloges et de regrets adressées à Mgr. l'évêque de Beauvais et aux professeurs de Saint-Vincent par M. le recteur de l'Académie d'Amiens et par M. le ministre de l'instruction publique lui-même. Il était impossible qu'un corps qu'il avait tant honoré par ses talens et son dévouement, ne rendît pas à sa mémoire ce juste tribut d'hommages. Mais le clergé n'apprécie pas moins la perte immense qu'il vient de faire; car si le supérieur de St.-Vincent méritait d'être considéré comme un savant distingué, comme un chef d'institution hors ligne, c'était aussi un prêtre vertueux, un prédicateur éloquent, un ardent défenseur de la religion.

A des convictions profondes, à une foi vive que l'étude sérieuse des sciences divines et humaines n'avait fait qu'affermir, à une soumission simple et entière à toutes les vérités que l'Eglise propose à croire, M. Poullet joignit toujours une tendre et solide piété. Sa passion pour l'étude, qui, quelquefois le por-

tait à consacrer aux sciences et à la littérature
une partie du tems qu'il eût dû donner au
sommeil, loin de le détourner de ses devoirs,
ne lui fit même jamais omettre une seule de
ces pratiques qu'aucun précepte ne commande,
mais auxquelles les prêtres fervens aiment à se
rendre fidèles. On ne pouvait qu'être touché
lorsqu'on le voyait prosterné aux pieds des
autels priant avec un religieux recueillement.
Etranger alors à tout ce qui se passait autour
de lui, il était tout entier à ses pieuses médita-
tions, et l'expression de son visage révélait
assez les sentimens de son cœur.

Loin de s'élever au-dessus des autres, de se
prévaloir de ses talens, de faire sentir sa supériorité, il étonnait par son humilité profonde
et sa modestie. On eût dit qu'il ne pouvait
comprendre que quelqu'un fût moins capable
que lui; et s'il parlait volontiers de ce qu'il
savait, c'était non pour satisfaire une vaine
ostentation, mais pour intéresser et pour être
utile. Il pensait que l'on apprendrait avec plaisir ce qu'il avait été lui-même si avide de connaître.

Les larmes que les pauvres répandirent lorsqu'ils apprirent sa mort, les noms touchans
par lesquels ils le designèrent en suivant son
cercueil, ont fait assez l'éloge de son inépuisa-
ble charité. Il trouvait un véritable bonheur à
soulager les malheureux, et il s'efforçait d'inspirer aux enfans confiés à ses soins les sentimens de générosité et de bienfaisance qui l'ani-
maient. Aussitôt qu'il le put, il établit dans son
institution l'œuvre admirable de St.-Vincent
de Paul, et il voulut que chacun de ceux qui
étaient admis à en faire partie, allât à son tour
déposer dans la demeure du pauvre l'aumône
qu'il lui avait été donné de recueillir.

S'il sut sacrifier un avenir brillant, renoncer à son repos et à la gloire, ce ne fut pas seulement pour propager les lumières ; il avait
une autre ambition, il ne le dissimulait pas (1),
cette ambition était d'inspirer à des jeunes
gens, l'espoir des familles et de la société, un
grand amour pour les devoirs que la religion
impose, et de former leurs cœurs à la vertu.
Il regardait cette noble tâche comme éminem-
ment digne d'un prêtre, et il ne négligeait
rien pour la remplir avec tout le zèle que la foi
la plus vive peut faire naître dans un cœur.
Chaque jour il adressait à ses élèves quelques
paroles de piété, courtes, il est vrai, mais
propres à faire sur eux une salutaire impression. L'instruction religieuse de ceux qui étaient
sur le point de retourner dans le monde lui
était entièrement réservée. Avec quelle sollicitude aussi ne veillait-il pas pour éloigner tout
ce qui aurait pu flétrir les tendres plantes
qu'on lui avait remises entre les mains. Ce
zèle ardent, ce désir empressé de porter les
jeunes gens à la vertu ne passait cependant
jamais de justes bornes. M. Poullet savait le
modérer par une grande prudence et une sage
discrétion. « Nous ne serions, disait-il, ni prê-
» tres, ni chrétiens, ni raisonnables ; nous
» blesserions en même tems le bons sens le plus
» vulgaire dont on ne peut nous croire dépour-
» vus, et les plus graves enseignemens de la
» foi dont on doit nous croire pénétrés ; nous
» irions absolument contre le but de nos tra-
» vaux, si nous usions de la moindre contrainte
» pour pousser les enfans à la piété, si nous

---

(1) Discours de la distribution des prix du 17 août
1837, intitulé : *Exposé des principes suivis dans cette
maison*, page 7.

» employions des moyens qui pussent les por-
» ter à la dissimulation et à l'hypocrisie. Per-
» sonne ne préviendra, ne combattra l'hypo-
» crisie avec plus de soin qu'un prêtre, parce
» que personne n'en connaît et n'en comprend
» mieux que lui les horribles résultats, non
» seulement pour le caractère qu'elle vicie et
» fausse, mais pour l'âme qu'elle mène au sa-
» crilége! Voilà tout ce que nous pouvons dire
» là-dessus. A ceux qui ne nous croient pas,
» à ceux qui ne nous comprennent pas, à
» ceux qui ne savent pas comment, sans
» user de contrainte, sans employer ni pu-
» nitions ni récompenses, ni priviléges ni
» faveurs, par la seule action de la foi, du
» zèle, de l'exemple, et surtout par la vigi-
» lance à éloigner les obstacles, on peut *tour-
» ner* doucement et librement les *cœurs* et les
» esprits *vers Dieu*; à ceux qui n'ont pas l'i-
» dée de cette atmosphère religieuse et pure
» qui est le moyen le plus efficace de l'éduca-
» tion chrétienne, à ceux-là nous n'avons rien
» à dire pour notre justification; notre lan-
» gage serait pour eux une énigme, mais il ne
» l'est point pour les pères vraiment religieux,
» pour les mères pieuses, pour tous les chré-
» tiens vraiment sincères (1). »

Ce ne fut pas seulement dans l'intérieur de
sa maison, dans la sphère de ses fonctions ac-
coutumées que M. Poullet fit preuve d'un zèle
apostolique; il savait encore tout entreprendre
pour ramener à la pratique de la religion des
hommes que de funestes préjugés en avaient
éloignés, et auprès desquels il pouvait avoir

---

(1) Lettre à M. Thiers à l'occasion de son rapport
sur le projet de loi relatif à l'instruction secondaire.
— Paris. Waille. 1844.

un libre accès. Il les voyait souvent, il les
écoutait avec patience, il les laissait exposer
tous leurs doutes, il prenait la peine de répon-
dre à des difficultés que mille fois il avait ré-
solues. Il ne refusait pas non plus de céder aux
pressantes sollicitations de ses confrères dans
le sacerdoce, et de les aider dans l'exercice de
l'une de leurs plus importantes fonctions. Que
de fois, dans de grandes solennités, n'a-t-il
pas fait entendre d'éloquentes paroles dans
les villes principales de ce diocèse; que de
fois aussi n'est-il pas allé dans de simples ha-
meaux se mettant à la portée des gens de la
campagne leur rappeler leurs devoirs, ou
leur expliquer quelque vérité de la doctrine
chrétienne.

M. Poullet est assez connu comme prédicateur pour qu'on se dispense de parler de ses
brillans succès dans la chaire. On se rappelle
avec quel empressement on allait l'entendre
lorsque, dans la cathédrale de Beauvais, ou
dans les églises de Clermont, de Senlis et de
Compiègne, il établissait quelques points du
dogme catholique, sujets qu'il aimait surtout à
traiter devant un auditoire nombreux d'hommes instruits et capables de comprendre toute
la valeur de ses pressantes démonstrations. S'il
n'a pas toujours atteint le but qu'il s'était proposé, il eut du moins l'avantage de captiver
l'attention de ses auditeurs, et de porter quelque lumière dans des âmes dévorées par le
doute. Une partie du clergé diocésain put aussi,
dans une circonstance importante, apprécier
son rare talent oratoire, et trouver dans ses
prédications un modèle achevé qu'il doit avoir
à cœur d'imiter. En 1835, âgé seulement de
25 ans, il fut chargé par Mgr. Lemercier de
rappeler aux prêtres, réunis à Noyon pour la

retraite pastorale, les graves et sérieuses obligations de leur ministère. Le prélat, en lui confiant une semblable mission, avait compté sans doute sur la foi et la piété de son clergé, sur son respect pour la parole sainte ; mais il était convaincu aussi que l'éloquence du jeune prédicateur, que sa sagacité, sa prudence, sa réserve, la gravité de son caractère, feraient oublier son âge. M. Poullet fut écouté même par les anciens du sacerdoce, non seulement avec une religieuse attention, mais encore avec une espèce de vénération. On se demandait comment il avait pu, si jeune encore, acquérir une telle connaissance du cœur humain, et une telle expérience des devoirs du ministère pastoral.

Jaloux de voir le clergé briller par ses vertus et par sa science, et reprendre, au moyen de ces seules richesses, le rang élevé qu'il avait autrefois dans le monde, souvent il s'entretenait avec Mgr. Gignoux sur la manière d'élever les jeunes clercs, sur les hautes études qu'il convient de leur faire entreprendre, sur la direction à donner aux écoles ecclésiastiques, sur les moyens à prendre pour former les professeurs et les conserver dans ces précieux établissemens. Les idées qu'il avait soumises au prélat dans plusieurs circonstances, il les rédigea et les présenta avec méthode dans deux lettres qui furent imprimées en 1845, et que durent lire avec intérêt tous les évêques de l'Eglise de France (1). Il aurait voulu qu'il y eût une école normale ecclésiastique pour former les professeurs des petits séminaires ; il désirait

______

(1) Lettres sur les études des petits séminaires, adressées à Mgr. l'évêque de Beauvais, par M. l'abbé Poulet. — Paris. Lecoffre, 1845.

qu'ils fussent tous pourvus des titres universitaires, au moins du diplôme de bachelier ès-
lettres; mais il considérait leur stabilité comme
un des principaux moyens de rendre les études fortes; aussi s'adressant lui-même, dans
l'une de ses lettres, aux ecclésiastiques chargés de l'éducation cléricale, il les conjure avec
instance de rester constamment à leur poste,
et d'être toujours assez courageux pour ne pas
reculer devant des sacrifices que l'honneur du
sacerdoce réclame. « Frères, leur dit-il (nous
» ne pouvons nous empêcher de citer ces pa-
» roles), frères, persévérez, restez au poste
» où Dieu vous a mis; nul ministère dans l'E-
» glise n'est plus honorable, plus consolant,
» plus utile, plus nécessaire que le vôtre; en
» préparant de dignes ministres du sanctuaire
» vous travaillez pour Dieu, pour l'Eglise,
» pour la société, pour ce monde et pour l'é-
» ternité. D'où viendra au monde, à notre pa-
» trie surtout, le salut et la vie, si ce n'est de
» la religion? Et qu'est-ce que la religion sans
» le sacerdoce? Qu'est-ce que le sacerdoce sans
» lumières et sans vertu? Nous aussi, nous nous
» sommes voués à la grande œuvre de l'édu-
» cation, et nous espérons ne point travailler
» inutilement en élevant dans la piété chré-
» tienne des enfans destinés au monde; mais
» quoique votre ministère et le nôtre soient
» également nécessaires; quoique nous culti-
» vions avec amour, sans envier un autre sort,
» la part du champ que nous a confié le père
» de famille, il semble que vous pouvez faire
» plus et mieux que nous. Pour un chrétien
» fidèle, pour un homme de bon exemple et
» de bonnes œuvres que nous envoyons dans
» le monde, vous donnez à l'Eglise un prêtre

» dont la parole et les œuvres seront cent fois
» plus puissantes. »

Lorsqu'en 1844, le ministre de l'instruction
publique proposa un nouveau projet de loi sur
l'enseignement secondaire, la commission de
la chambre des députés, chargée d'examiner
ce projet, après avoir pris l'avis des provi-
seurs des colléges de Paris, voulut aussi entendre quelques-uns des ecclésiastiques qui se
trouvaient à la tête d'institutions universitaires. M. Poullet fut appelé avec M. Gratry,
directeur du collége Stanislas, et deux ecclésiastiques de l'institution de Vaugirard. Chargé de la cause du clergé, le supérieur de Saint-
Vincent la défendit, comme on doit le penser,
avec chaleur et avec talent, mais aussi avec cette
droiture et cette franchise qu'il savait toujours
apporter dans les discussions. Il ne dissimula
pas que les *grands colléges* pouvaient avoir,
pour les études, quelque supériorité sur les
institutions privées même ecclésiastiques. Il
avoua que les prêtres ne réussissent point toujours à rendre leurs élèves aussi pieux, aussi
dociles qu'ils le désireraient, et qu'il se rencontre quelquefois dans leurs maisons de fort mau-
vais sujets qui, remis à leurs parens et obli-
gés d'aller dans d'autres établissemens, don-
nent une idée peu favorable de celui qu'ils
ont quitté; mais il soutint que les établissemens laïques universitaires, en supposant
même du bon vouloir dans les supérieurs, ne
pouvaient cependant offrir, sous le rapport
moral et religieux, les garanties que présen-
tent les maisons tenues par des membres du
clergé, garanties que les familles chrétiennes
préfèrent quelquefois à tout autre avantage.
Cette thèse ne lui parut pas difficile à établir;

il fit remarquer que, dans les colléges laïques, les aumôniers n'ont presqu'aucune action sur les élèves, et que l'éducation morale et religieuse repose presque tout entière sur des surveillans fort peu désireux de former à la piété les jeunes gens dont ils sont chargés. Il concluait de là qu'une libre concurrence était nécessaire, et qu'il devait exister deux sortes d'établissemens publics, les uns destinés indifféremment à tous les cultes, et plus spécialement peut-être aux familles qui, n'attachant pas une grande importance à la distinction des religions, se contenteraient volontiers que leurs enfans suivissent à cet égard les usages du monde; les autres essentiellement religieux, où les croyances et les préceptes du christianisme tiendraient le premier rang dans l'esprit des maîtres comme dans les intentions des familles, où, sans exercer aucune contrainte, on emploierait tous les moyens honnêtes et légitimes pour graver profondément, dans l'esprit des élèves, les vérités de la foi et pour les former à la pratique des vertus chrétiennes. Les paroles de M. Poullet furent écoutées avec bienveillance, elles parurent même convaincre les membres de la commission; il s'en faut bien cependant que le rapport ait été favorable aux établissemens tenus par des ecclésiastiques. Notre intention n'est pas de juger le travail si remarquable, à tant d'égards, de M. Thiers; mais ce qui doit paraître assez surprenant, c'est que cet homme éminent, après avoir entendu les sages et loyales observations de M. Poullet, n'ait pas fait difficulté de soutenir que dans les colléges laïques l'instruction religieuse est aussi soigneusement donnée, et que l'on y forme aussi bien

les enfans à la piété que dans les colléges confiés à des prêtres. Le supérieur de Saint-Vincent pensa qu'il ne pouvait garder le silence
sur ces assertions, et il écrivit à M. Thiers
une lettre qui fut publiée dans le *Correspondant*, et dans laquelle, après avoir rappelé
tout ce qu'il avait dit en présence de la commission, il établit de nouveau, par des raisons
pressantes comme par l'expérience, qu'il est
impossible que les colléges de l'état offrent jamais les garanties morales que peuvent présenter des établissemens confiés à la pieuse
sollicitude d'hommes qui savent tout sacrifier
pour l'unique bonheur d'inspirer aux jeunes
gens l'amour de la vertu. Cette lettre, remarquable par le ton de modération qui y règne
constamment, par la loyauté dont M. Poullet
fait preuve à chaque page, et par la solidité
du raisonnement, a valu à son auteur une
réponse obligeante du rapporteur de la commission, et n'a pas peu contribué à faire reve-
nir l'opinion en faveur des établissemens ecclésiastiques.

M. Poullet répétait souvent, lorsqu'on lui
reprochait de ne point asssez soigner sa santé,
qu'il ne tenait pas à parvenir à un âge avancé,
et que son existence serait assez longue pourvu
qu'elle fût pleine. Sa vie a été en effet pleine
de bonnes œuvres, de sacrifices, de sérieuses
études, de travaux importans; mais elle a été
trop courte pour ses amis, pour les familles
chrétiennes, pour l'instruction publique et
pour la religion.

www.ingramcontent.com/pod-product-compliance
Lightning Source LLC
Chambersburg PA
CBHW061329050726
47595CB00005B/1835